# COLLECTION

# Victorien Sardou

Objets d'Art, Sculptures, Boiseries

Dessins, Aquarelles

COLLECTION

# VICTORIEN SARDOU

# CONDITIONS DE LA VENTE

Elle sera faite au comptant.

Les adjudicataires paieront *dix pour cent* en sus des enchères.

L'exposition mettant le public à même de se rendre compte de l'état et de la nature des objets, aucune réclamation ne sera admise une fois l'adjudication prononcée.

Paris. — Imp. Georges Petit, 12, rue Godot-de-Mauroi. — 19847-09.

# CATALOGUE

### DES

# OBJETS D'ART

## BOISERIES

Panneaux, Portes, Montants, Encadrements, Trumeaux
Pilastres, Colonnes

### DES XVIIᵉ ET XVIIIᵉ SIÈCLES

## TRAINEAUX, ÉTENDARDS, MEUBLES

## SCULPTURES

### GROUPE EN PIERRE DU XVIIIᵉ SIÈCLE

# DESSINS, AQUARELLES, GOUACHES

*Principalement de l'École Française du XVIIIᵉ siècle*

#### DONT LA VENTE

## Après décès de M. VICTORIEN SARDOU

##### AURA LIEU A PARIS

# HOTEL DROUOT, SALLES Nᵒˢ 5 & 6

### Les Mardi 15 et Mercredi 16 Juin 1909, à 2 heures

---

##### COMMISSAIRES-PRISEURS

**Mᵉ F. LAIR-DUBREUIL**
6, rue Favart, 6
PARIS

**Mᵉ HENRI BAUDOIN**
Successeur de Mᵉ PAUL CHEVALLIER
10, rue Grange-Batelière, 10

*Experts pour les Dessins :*

**M. G. SORTAIS**
PEINTRE-EXPERT PRÈS LE TRIBUNAL CIVIL
11, rue Scribe, 11

**M. JULES FÉRAL**
7, rue Saint-Georges, 7
PARIS

*Experts pour les Objets d'art :*

**MM. MANNHEIM**
7, rue Saint-Georges, 7

**MM. PAULME & B. LASQUIN Fils**
10, rue Chauchat    12, rue Laffitte

---

### EXPOSITION PUBLIQUE, SALLES Nᵒˢ 5, 6 & 7

*Le Lundi 14 Juin 1909, de 1 heure 1/2 à 5 heures 1/2*

# ORDRE DES VACATIONS

## Le Mardi 15 Juin 1909

Numéros.

Aquarelles, Dessins, Gouaches . . . . . . . . . .  1 à  71

Objets divers . . . . . . . . . . . . . .  72 à 101

## Le Mercredi 16 Juin 1909

Bois sculptés, Boiseries, Cadres . . . . . . . . .  102 à 191

# Aquarelles, Dessins

### BÉLANGER
#### (HIPPOLYTE)

1 — **La Prise d'une barricade.**

Dessin au lavis de bistre, au crayon noir et à l'estompe,
rehaussé de gouache.

### BÉRAIN
#### (Genre de)

2 — **Arabesques.**

Aquarelle gouachée sur fond d'or.

### BERTOLI
#### (DANIEL-ANTOINE)

3 à 10 — **Personnages de comédie et de
ballet.**

Huit dessins au lavis d'encre de Chine, lavés d'aquarelle.

Ce numéro pourra être divisé.

## BERTOLI
### (DANIEL-ANTOINE)

11 — Figures et costumes.

Suite de soixante-cinq dessins à la plume, au lavis de bistre et d'encre de Chine, pour le théâtre.

## BERTOLI
### (DANIEL-ANTOINE)
#### (DEUX PENDANTS)

12 — Portrait de jeune femme.

13 — Portrait d'un gentilhomme.

Dessins à la pierre d'Italie.

## BERTOLI
### (DANIEL-ANTOINE)

14 — La Danseuse de corde.

Dessin à la mine de plomb.

## BIBIENA
### (JOSEPH)

15 — Composition d'architecture.

Dessin à la plume et à la sépia.

## BOISSIEU
### (JEAN-JACQUES DE)

16 — Les Boulevards de Paris en 1808.

Aquarelle.

## BOUCHER
(École de)

17 — **Scène de comédie.**

Dessin au lavis d'encre de Chine.

## DEVÉRIA
(Attribué à EUGÈNE)

18 — **La Terrasse des Tuileries.**

Dessin au lavis de bistre, rehaussé de gouache.

## GARBIZZA

19 — **La Malmaison.**

Dessin à la plume et au lavis d'encre de Chine.

## GUÉ
(OSCAR)

20 — **Entrée de ville.**

Aquarelle signée à gauche.

## GUYS
(CONSTANTIN)

21 — **Femmes en toilette.**

Deux dessins à l'encre de Chine, au crayon noir et à l'estompe.

## GUYS
(CONSTANTIN)

22 — **Une présentation au Roi Ferdinand.**

Dessin à la plume, au crayon noir et à l'estompe.

# GUYS
## (CONSTANTIN)

### 23 — Études de figures.

A droite, on lit un autographe : « *Quelques* tombées *de l'Exposition Guys (pour les cartons de mon cher Sardou).* — NADAR. »

Trois dessins à la plume, au lavis d'encre de Chine et de bistre, au crayon noir et à l'estompe.

# GUYS
## (CONSTANTIN)

### 24 — Figures, chevaux et voitures.

Quatre dessins à l'encre de Chine, au crayon noir et à l'estompe.

# GUYS
## (CONSTANTIN)

### 25 — Figures et portraits.

Sept dessins à la plume, au crayon noir, à l'estompe et au lavis d'encre de Chine.

# HAMILTON

### 26 — Les Boulevards de Paris.

Aquarelle, signée à droite.

# HUET
## (Attribuée à JEAN-BAPTISTE)

### 27 — Pastorale.

Aquarelle.

## KLINGSTET
### (Attribuée à CLAUDE)

28 — Jeune femme dans un intérieur.

Aquarelle gouachée.

## LE CLERC

29 à 37 — Figures de ballet.

Neuf dessins à l'encre de Chine.

## LEGENDRE
### (LOUIS-FÉLIX)

38 — Portrait de Louis XVIII.

Aquarelle.

## LE GUAY
### (Attribuées à)

39 — Compositions allégoriques.

Six études de miniatures.

Aquarelles gouachées de forme ronde.

## LENOIR
### (Le Chevalier ALEXANDRE-MARIE)

40 — Vue de l'appartement de Lenoir, conservateur du Musée des monuments français, dans l'ancien couvent des Petits Augustins, quai Malaquais (1804).

Aquarelle.

## LESPILLIEZ

**41 — Fontaine monumentale.**

Dessin à la plume, signé et dédié au prince Guillaume de Hesse.

## MARTINET
### (ACHILLE-LOUIS)

**42 — Le Bain des Dames.**

Dessin à la plume et au lavis d'encre de Chine.

## MAYER
### (Attribué à Mlle CONSTANCE)

**43 — Jeune femme en robe de mousseline blanche.**

Dessin au crayon noir et à la sanguine, rehaussé de blanc.

## MORLON
### (ANTONY)

**44 — La Grenouillère.**

Aquarelle signée à gauche.

## NICOLE
### (NICOLAS)

**45 — Le Pont au Double, Hôtel-Dieu de Paris.**

Aquarelle.

## NICOLE
### (NICOLAS)

46 — **Les Arches du quai de Gesvres.**

Aquarelle, signée et datée : *1786*.

## PERNET

47 — **Paysage avec ruines, figures et animaux.**

Dessin au bistre lavé d'aquarelle.

## ROBERT
### (Attribuée à HUBERT)

48 — **Ruines et personnages.**

Aquarelle gouachée.

Au dos, une inscription garantissant que ce dessin provient du graveur Janinet.

## SANQUIRICO
### (ALEXANDRE)

49 — **Fête de la Liberté.**

Aquarelle.

## SCHENEAU
### (JEAN-ÉLÉAZAR)

5o — **Jeune femme coiffée d'un bonnet.**

Dessin à la sanguine et au crayon noir rehaussé de pastel.

## SENAVE
### (Attribué à)

**51 — Les Tonneliers.**

Dessin aux crayons de couleurs.

## TROOST
### (Attribuée à CORNÉLIS)

**52 — La Séduction.**

Aquarelle.

## TROY
### (Attribué à JEAN-FRANÇOIS DE)

**53 — La Peste de Marseille.**

Dessin à la plume et au lavis d'encre de Chine.

## VAUZELLES
### (JEAN-LUBIN)

**54 — Le Pont au Change.**

Aquarelle, signée à droite.

## VAUZELLES
### (JEAN-LUBIN)

**55 — Vue prise sous le quai de Gesvres.**

Aquarelle, signée à droite.

## VAUZELLES
### (JEAN-LUBIN)

**56 — Vue de l'Hôtel-Dieu.**

Aquarelle.

## WILLE
### (PIERRE-ALEXANDRE)

**57 — Buste d'homme.**

Dessin au crayon noir et à la sanguine, rehaussé de blanc.

## WILLIAMS
### (W.)

**58 — Matrimony.**

Dessin à la sépia. Gravé par Jukes.

## VINKELES

**59 — Vue de Paris en 1802.**

Aquarelle.

## ÉCOLE FRANÇAISE
xviii° siècle.

(DEUX PENDANTS)

**60 — Portrait d'un gentilhomme.**

**61 — Portrait d'un officier.**

Dessins à la pierre d'Italie.

## ÉCOLE FRANÇAISE
xviii° siècle.

**62 — Vue d'une ville en hiver.**

Dessin au lavis d'encre de Chine.

## ÉCOLE FRANÇAISE

xviiie siècle.

**63 — Jeune fille vue de profil, coiffée d'un bonnet.**

Dessin à la pierre d'Italie rehaussé de sanguine.

## ÉCOLE FRANÇAISE

Fin du xviiie siècle.

**64 — La Promenade au jardin public.**

Aquarelle.

## ÉCOLE FRANÇAISE

Commencement du xixe siècle.

**65 — Les Boulevards et la porte Saint-Martin.**

Aquarelle.

## ÉCOLE FRANÇAISE

**66 — La Comédie dans le parc.**

Aquarelle gouachée.

## ÉCOLE FRANÇAISE

**67 — Le Bataillon de la section des Buttes-Chaumont reçoit son drapeau et l'acclame.**

Aquarelle.

## ÉCOLE HOLLANDAISE

xviie siècle.

**68 — La Salle commune.**

Dessin à la plume et au lavis d'encre de Chine.

## ÉCOLE ITALIENNE

xviiie siècle.

**69 — La Procession.**

Aquarelle gouachée.

## ÉCOLE MODERNE

**70 — Vue d'un château au bord d'un lac.**

Aquarelle gouachée.

---

71 — Sous ce numéro, qui sera divisé, seront vendus des dessins non catalogués.

# Objets d'Art

## OBJETS DIVERS

72 — Daubière en forme de lapin, en faïence.

73 — Grand tableau, formé de carreaux de faïence hollandaise, à sujet de marines.

Haut., 1 m. 05; larg., 1 m. 40.

74-75 — Lot d'étendards.

76 — Sabre de la République.

77 — Cage en fer, à feuillages.

Haut., 1 m. 25 environ.

78 — Marteau de porte en forme de couronne, deux vases provenant de chenets en bronze, mascaron en plomb. XVIIIe siècle.

79 — Groupe en bronze : personnage étouffant un lion. Signé : *G. Clère, 1864. Maison Thiébaut.*

Long., 60 cent.

80 — BUSTE-APPLIQUE DE SATYRE, en plomb peint blanc.

81 — TRAÎNEAU en bois sculpté et doré, orné d'une tête de cheval marin. XVII<sup>e</sup> siècle.

Long., 2 m. 95.

82 — TRAÎNEAU en bois ajouré et sculpté, à feuillages, oiseaux et figures d'enfants. Travail hollandais. XVII<sup>e</sup> siècle.

Long., 1 m. 60.

83 — TRAÎNEAU HOLLANDAIS du XVIII<sup>e</sup> siècle, en forme de lion, en bois sculpté et doré.

Long., 2 m. 65.

84 — DEUX SOUFFLETS DE FOYER, l'un en bois sculpté, l'autre orné d'appliques en cuivre, aux armes de France.

Long., 68 cent.

85 — DEUX CONSOLES-APPLIQUES en bois sculpté et redoré, à sujet d'enlèvements et de fleurs. XVII<sup>e</sup> siècle.

Haut., 45 cent.

86 — SUPPORT-APPLIQUE en bois sculpté et doré, à draperies et feuillages du XVII<sup>e</sup> siècle.

Haut., 33 cent.

87 — DOUZE FAUTEUILS en bois mouluré du XVII<sup>e</sup> siècle.

88 — SIX BOIS DE CHAISES à feuilles et moulures. Époque Louis XV.

89 — CONSOLE en bois sculpté, ajouré et peint gris, à rocailles. Époque Louis XV.

Haut , 75 cent.; larg., 97 cent.

90 — Deux gaines en bois sculpté et peint marron, à fruits, et gros mascarons.

Haut., 1 m. 80.

91 — Glace dans un cadre en bois doré, et glace à fleurs et rocailles. xviiie siècle.

Haut., 1 m. 80.

92 — Écran italien en bois sculpté et doré.

93 — Dessus de clavecin peint, présentant des personnages faisant de la musique. xviiie siècle.

Long., 1 m. 70; larg., 89 cent.

94 — Lot de fragments provenant de supports de clavecins, en bois sculpté et doré, à quadrillés et feuillages du temps de Louis XIV.

95 — Six mascarons de satyres, en pierre sculptée, du xviie siècle, provenant de fontaines.

Haut., 50 cent.

96 — Groupe en pierre sculptée, plus grand que nature, représentant une jeune femme drapée, tenant un miroir et accompagnée d'un amour lui tendant un masque. xviiie siècle.

Haut., 2 m. 10.

97 — Statue en plâtre peint blanc : le Génie du Printemps, d'après Monot, élève de Vassé.

Haut., 1 m. 90.

98 — Buste en terre cuite du Grand Dauphin.

Haut., 85 cent.

99 — Tête-applique de Méduse, en marbre blanc.

Haut., 40 cent.

100 — DEUX SPHINX en terre cuite.

Long., 85 cent.

101 — DEUX GAINES, plaquées de marbre de couleur.

Haut., 1 m. 13.

# BOIS SCULPTÉS, BOISERIES

## CADRES

102 — DEUX PETITS PANNEAUX, en bois sculpté, à fenestrages. Époque gothique.

Haut., 62 cent.

103 — DEUX PORTES de chapelle, en bois ajouré et sculpté, à volutes, branchages et basilics. XVIᵉ siècle.

Haut, 2 m. 65 ; larg. totale, 1 m. 40.

104 — PORTE d'habitation, en bois sculpté, à cariatides, têtes de chérubins, grappes de fruits et moulures. Fin du XVIᵉ siècle.

Haut, 2 m. 35; larg., 1 m. 60.

105 — FRONTON, daté *1636*. Bois sculpté. XVIIᵉ siècle.

Haut., 53 cent.; larg., 1 m. 55.

106 — DEUX GROS MONTANTS, à consoles et chutes, feuilles de chêne. Bois sculpté. XVIIᵉ siècle.

Haut., 2 m. 60.

107 — DEUX STATUETTES d'enfants nus, le bras levé, en bois sculpté. XVIIᵉ siècle.

Haut., 87 cent.

108 — Deux montants, en bois sculpté, à têtes d'amours, fruits et fleurs en ronde bosse. xvii<sup>e</sup> siècle.

109 — Deux grosses guirlandes de feuilles de chêne, en bois sculpté, du xvii<sup>e</sup> siècle.

Haut., 1 m. 85.

110 — Quatre grosses moulures à feuilles de chêne et rubans en bois sculpté. xvii<sup>e</sup> siècle.

111 — Lot de fragments, en bois sculpté et doré, à guirlandes de roses, feuillages et volutes, composé de deux torchères et de deux grosses moulures. xvii<sup>e</sup> siècle.

112 — Frise à grosses feuilles d'acanthe, en bois sculpté. xvii<sup>e</sup> siècle.

Haut., 20 cent. ; larg., 1 m. 30.

113 — Cadre de Christ, en bois sculpté, à feuillages, du temps de Louis XIV.

Haut., 98 cent.; larg., 53 cent.

114 — Cadre Louis XIV, en bois sculpté et redoré, à grosses palmettes et rinceaux.

Haut, 1 m. 10 ; larg., 1 mètre.

115 — Cadre en bois sculpté et doré à palmettes. Époque Louis XIV.

Haut., 1 m. 25 ; larg., 95 cent.

116 — Porte peinte à décor de rinceaux. Époque Louis XIV.

Haut., 2 mètres.

117 — Trois portes en bois sculpté, à quatre compartiments de feuillages et corbeilles de fleurs. Époque Louis XIV.

Haut, 2 m. 40.

118 — DEUX MONTANTS ornés de volutes et de feuillages en bois sculpté et peint marron du commencement du XVIII<sup>e</sup> siècle.

Haut., 1 m. 85.

119 — TRUMEAU en bois sculpté à quadrillés. Époque Régence.

120 — DEUX GRANDS MONTANTS du temps de la Régence, à rosace centrale, avec rinceaux en haut et en bas.

Haut., 3 mètres.

121 — DEUX GRANDS MONTANTS, à fleurs en haut et rosaces au centre. Époque Régence.

Haut., 3 mètre.

122 — GRAND CADRE de glace du temps de la Régence, en bois sculpté, surmonté d'un trophée d'instruments de musique.

Haut., 3 mètres; larg., 1 m. 20

123 — DEUX GRANDS PANNEAUX en bois sculpté, à quatre compartiments contenant des rosaces et des attributs de l'amour. Époque Régence.

Haut., 3 m. 20; larg. d'un panneau, o m. 70.

124 — DEUX GRANDS PANNEAUX en bois sculpté, à médaillon central, volutes et palmettes en haut et en bas. Époque Régence.

Haut., 2 m. 45; larg., 75 cent.

125 — GRAND ENCADREMENT de glace, en bois sculpté du temps de la Régence, à moulures, rinceaux et palmettes.

Haut., 3 m. 50; larg., 2 mètres.

126 — DEUX PANNEAUX en chêne, du temps de la Régence,
à grandes rosaces, entre deux compartiments contour
nés.

*Haut., 1 m. 55 ; larg., 65 cent.*

127 — SUPPORT-APPLIQUE en bois sculpté et doré, à volutes
et feuillages. Époque Régence.

*Haut., 40 cent.; larg., 43 cent.*

128 — DEUX PANNEAUX en bois sculpté, à compartiments
contenant chacun une fleur. Époque Régence.

*Haut., 1 m. 5o.*

129 — DEUX PILASTRES étroits à chapiteaux corinthiens, en
chêne sculpté, à rinceaux et fleurs. Époque Régence.

*Haut.. 2 mètres.*

13o — GRAND FRONTON en bois sculpté, muni d'un œil-de-
bœuf ovale et décoré de rocailles, de feuillages et de
moulures. Époque Régence.

*Haut., 1 m. 10 ; larg., 2 m. 10.*

131 — DEUX PORTES D'INTÉRIEUR en bois sculpté, décorées
de compartiments à rosaces, quadrillés et entrelacs.
Époque Régence.

*Haut., 2 m. 95 ; larg. d'un vantail, 64 cent.*

132 — SIX PANNEAUX variés en trois dimensions, décorés,
les petits, d'une rosace au milieu de quadrillés, les
grands, d'une rosace au milieu d'une volute. Époque
Régence.

*Haut. de l'un, 48 cent. ; larg., 1 m. 29.*

133 — DEUX STATUETTES ALLÉGORIQUES, la Paix et la Guerre.
Bois sculpté et peint blanc. Époque Régence.

*Haut., 1 m. 20 et 1 m. 40.*

134 — Gros support-applique en bois sculpté et doré du temps de la Régence, à décor de fleurs et de volutes sur fond carrelé.

Haut., 55 cent.; larg., 80 cent.

135 — Huit fragments de boiseries sculptés et peints blanc du temps de la Régence, à décor de moulures, coquilles, cartouches, fleurs et feuilles.

136 — Encadrement de glace en bois sculpté du temps de la Régence, à décor de rocailles, feuillages et oves.

Haut., 2 m. 10; larg., 1 m. 10.

137 — Partie supérieure d'une grande glace en bois sculpté du temps de la Régence, à décor de quadrillés et attributs de l'Amour.

Haut., 1 m. 33; larg., 1 m. 60.

138 — Cinq panneaux variés en bois sculpté et peint blanc ou marron, à décor d'entrelacs, de moulures et de feuillages. Époque Régence.

Haut. de l'un, 2 m. 05.

139 — Devant d'alcôve en bois sculpté et peint gris à fleurs, rocailles et ailes d'oiseaux. Époque Régence.

Haut., 58 cent.; larg., 1 m. 75.

140 — Quatre encadrements de portes en bois sculpté, à décor de fleurs et rocailles. Époque Régence.

Haut., 2 m. 60; larg., 70 cent.

141 — Deux départs de rampes en bois sculpté à rocailles. Époque Louis XV.

Haut., 1 m. 70.

142 — Panneau en bois sculpté à rocailles, fleurs et coquilles. Époque Louis XV.

Haut., 1 m. 50 ; larg., 75 cent.

143 — Tympan de forme contournée, décoré d'attributs, en bois sculpté. Époque Louis XV.

144 — Boiserie sculptée, décorée de rocailles, instruments de musique, rubans et cordelettes. Elle comprend deux grandes impostes et de nombreux panneaux et pilastres. Époque Louis XV.

145 — Deux grands encadrements de fenêtres en bois sculpté à rocailles, du temps de Louis XV.

Haut., 2 m. 80 ; larg., 2 m. 20.

146 — Deux grosses volutes en bois sculpté, à décor de feuillages et rocailles. Époque Louis XV.

Haut., 2 mètres.

147 — Grand cadre en bois sculpté, peint gris et or, à décor de rocailles, grosses fleurs et treillage simulé. Époque Louis XV.

Haut., 2 m. 20 ; larg., 1 m. 85.

148 — Panneau en bois sculpté, du temps de Louis XV, à décor de rocailles et monogramme, avec la date : *1763*.

Haut., 80 cent.; larg., 83 cent.

149 — Petit cadre-applique en bois sculpté et peint blanc, à décor de moulures enguirlandées de feuillages. Fin de l'époque Louis XV.

Haut., 95 cent.; larg., 90 cent.

150 — Lot de fragments de rampes d'escalier, à décor de médaillons et fleurs sur les montants et d'oiseaux enchaînés sur les volutes de départ. Époque Louis XV.

151 — Partie supérieure de panneau en bois sculpté, à décor d'attributs de l'amour entourés de feuillages et appliques sur fond de bois. Fin de l'époque Louis XV.

Haut., 1 m. 10 ; larg., 1 m. 15.

152 — Deux panneaux en bois sculpté et peint gris, présentant chacun un médaillon contenant un vase de fleurs et entouré de grosses feuilles. Époque Louis XV.

Haut., 90 cent. ; larg., 1 m. 55.

153 — Cadre en bois sculpté et doré, à petites feuilles. Époque Louis XVI.

Haut., 2 mètres ; larg., 1 m. 20.

154 — Cadre de glace étroit, en bois sculpté et doré, à petites feuilles. Époque Louis XVI.

Haut., 2 m. 40 ; larg., 53 cent.

155 — Trumeau en bois sculpté et peint gris, décoré d'attributs de l'amour. Époque Louis XVI.

Haut., 8 cent.; larg., 87 cent.

156 — Cadre démonté en bois sculpté, à feuilles de laurier. Époque Louis XVI.

157 — Cadre démonté en bois doré, à rubans et perles. Époque Louis XVI.

158 — Encadrement d'alcôve de trois pièces en bois sculpté et polychromé, à fleurs et tourterelles. Époque Louis XVI.

Haut., 2 m. 80 ; larg., 2 m. 63.

159 — Encadrement en chêne et sapin partiellement dorés, à moulures et feuilles de laurier. Époque Louis XVI.

160 — Deux petites frises, en bois sculpté, présentant chacune une couronne de fleurs au milieu de branches de laurier. Époque Louis XVI.

Haut., 24 cent.; larg., 1 m. 03.

161 — Dessus de porte, en bois sculpté et peint gris, présentant, au milieu de rinceaux, une figure d'enfant nu terminée par des feuillages. Époque Louis XVI.

Haut., 72 cent; larg., 1 m. 27.

162 — Panneau en bois sculpté, présentant une allégorie de l'hiver au milieu de rinceaux et de figures d'enfants à corps terminés en feuillages. Époque Louis XVI.

Haut., 1 m. 75; larg., 90 cent.

163 — Fronton de glace en bois sculpté, présentant divers attributs, ainsi qu'un médaillon contenant un buste de Voltaire. Époque Louis XVI.

Haut., 45 cent.; larg., 93 cent.

164 — Deux petits montants a fleurs, en bois sculpté, du temps de Louis XVI.

Haut., 75 cent.

165 — Dessus de trumeau en bois sculpté et rapporté sur fond de bois, à décor d'attributs de jardinage. Époque Louis XVI.

Haut., 1 m. 35; larg., 80 cent.

166 — Deux encadrements de trumeaux en bois sculpté et doré, simulant des palmiers. xviiie siècle..

Haut., 2 m. 75; larg., 90 cent.

167 — Chapiteau de pilastre corinthien, en bois sculpté et doré du xviiie siècle.

168 — Trois frises à grosses feuilles et cannelures variées, en bois sculpté du xviiie siècle.

169 — Quatre grosses consoles-supports en bois sculpté à feuillages. xviiie siècle.

170 — Frise en deux parties, à enroulements de grosses feuilles. Bois sculpté, xviiie siècle.

171 — Frise à feuilles en bois sculpté. xviiie siècle.

172 — Frise à grosses feuilles en bois sculpté du xviiie siècle.

173 — Devant d'alcôve en bois sculpté à fleurs. xviiie siècle.

Larg., 2 m. 20.

174 — Deux pilastres ioniques, en bois sculpté à cannelures rudentées. xviiie siècle.

Haut., 2 m. 95.

175 — Quatre dessus de portes en bois sculpté, peint gris et doré, à médaillons contenant des grisailles et encadrés de guirlandes de fleurs. xviiie siècle.

Haut., 90 cent; larg., 1 m. 05.

176 — Boiserie unie à moulures. xviiie siècle.

177 — Quatre pilastres en deux modèles, à chapiteaux feuillagés. Bois sculpté. xviiie siècle.

Haut., 2 m. 70 ; larg., 2 m. 40.

178 — Deux colonnes cannelées et rudentées, à chapiteaux corinthiens. Bois sculpté. xviii<sup>e</sup> siècle.

*Haut., 3 mètres.*

179 — Onze pilastres, avec leurs chapiteaux corinthiens, en bois sculpté, à décor de cannelures rudentées. xviii<sup>e</sup> siècle.

*Haut., 3 m. 40; larg. de l'un, 34 cent.*

180 — Deux cadres ovales en bois sculpté, décorés de tournesols. xviii<sup>e</sup> siècle.

*Ouverture intérieure : Haut., 75 cent. ; larg., 57 cent.*

181 — Huit panneaux, ornés de gravures découpées, enluminées et vernies, sur fond de bois. xviii<sup>e</sup> siècle.

182 — Cadre de glace en bois sculpté, à rocailles. Travail hollandais du xviii<sup>e</sup> siècle.

*Haut., 1 m. 80; larg., 80 cent.*

183 — Cadre de glace en bois sculpté et doré, à décor de rocailles et baguettes enrubannées. Hollande, xviii<sup>e</sup> siècle.

*Haut., 89 cent. ; larg., 59 cent.*

184 — Petit cadre de glace en bois sculpté et doré, à rocailles et fleurs. Hollande, xviii<sup>e</sup> siècle.

*Haut., 90 cent.; larg., 44 cent.*

185 — Fort lot de moulures en bois sculpté pour encadrements des xvii<sup>e</sup> et xviii<sup>e</sup> siècle. Sera divisé.

186 — Quatre colonnes cannelées avec leurs chapiteaux composites en bois sculpté.

*Haut., 3 m. 29.*

187 — Fronton à cartouche en bois sculpté et peint, à feuillages, avec inscription rapportée.

188 — Lot de fragments de feuilles, fleurs, guirlandes, etc., en bois peint gris, doré, etc.

189 — Deux cariatides en bois sculpté et doré.

190 — Haut de trumeau en pâte, orné de guirlandes de fleurs et d'un médaillon buste sur fond de bois.

Haut., 80 cent.; larg., 1 m. 02.

191 — Deux dessus de portes en pâte, à médaillons et rinceaux.

Haut., 75 cent.; larg., 1 m. 12.

www.ingramcontent.com/pod-product-compliance
Ingram Content Group UK Ltd.
Pitfield, Milton Keynes, MK11 3LW, UK
UKHW021628130726
13696UKWH00005B/2084